まちごとアジア

Iran 003 Isfahan

イスファハン

ペルシャンブルーと「中世の記憶」

اصفهان

Asia City Guide Production

【白地図】イラン

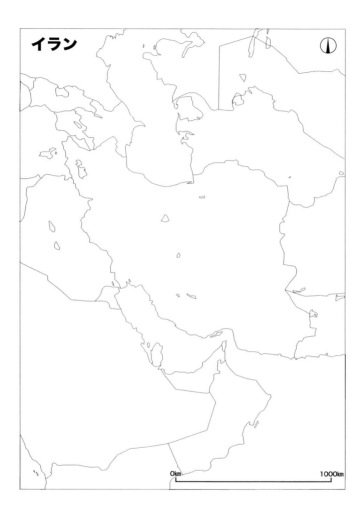

【白地図】イラン中心部

ASIA
イラン

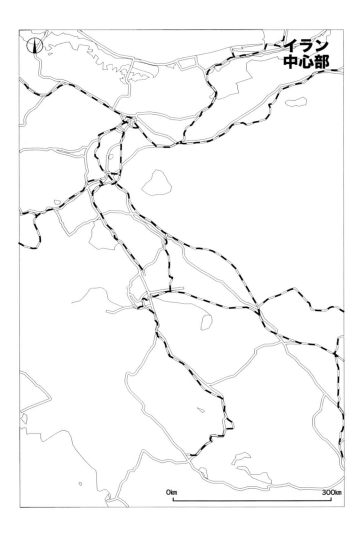

【白地図】イスファハン

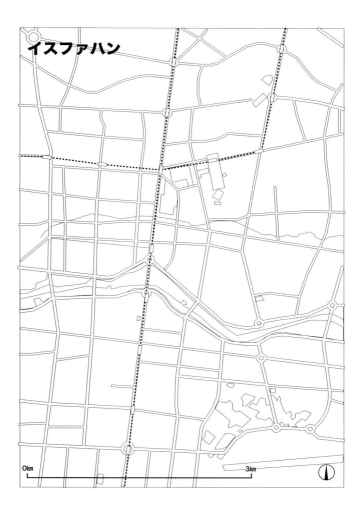

【白地図】イマームモスク

ASIA
イラン

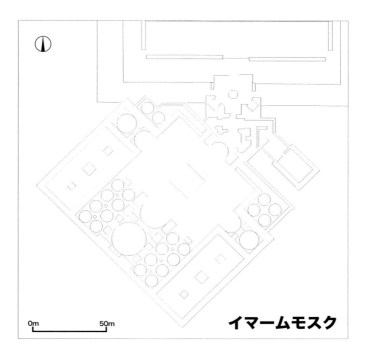

【白地図】イマーム広場

ASIA
イラン

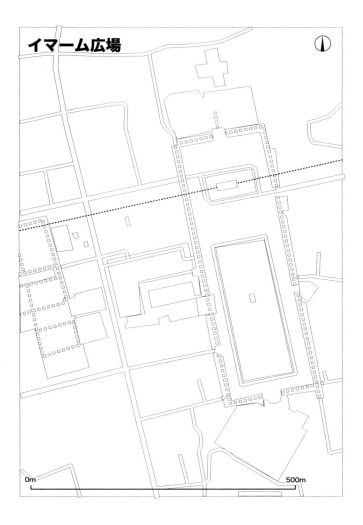

【白地図】チャハールバーグ通り

ASIA
イラン

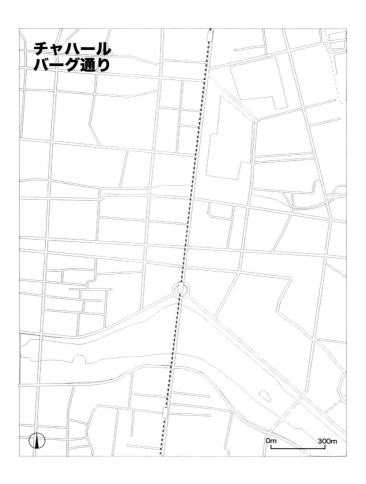

**チャハール
バーグ通り**

Isfahan 白地図

【白地図】チェヘルソトゥーン宮殿

ASIA
イラン

チェヘル
ソトゥーン宮殿

Isfahan 白地図

0m　　　　　　　500m

【白地図】旧市街

ASIA
イラン

旧市街

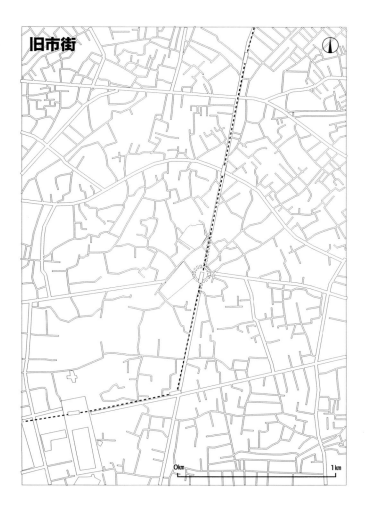

Isfahan 白地図

【白地図】古広場

ASIA
イラン

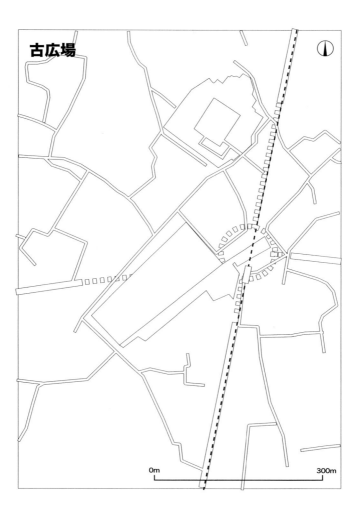

【白地図】イマームホセイン

ASIA
イラン

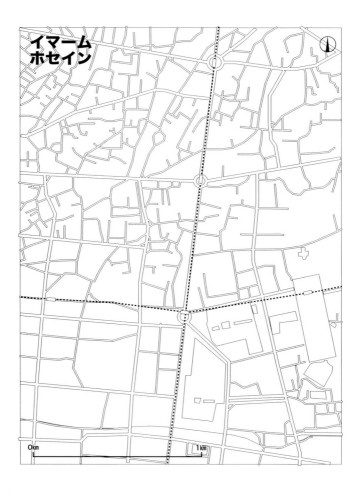

【白地図】ザーヤンデルード

ASIA
イラン

ザーヤンデルード

Isfahan 白地図

【白地図】ジョルファ地区

ASIA
イラン

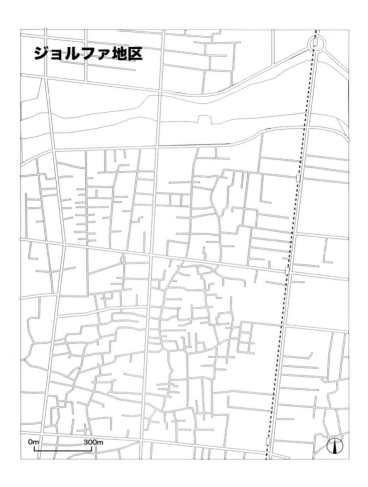

【白地図】イスファハン郊外

ASIA
イラン

イスファハン郊外

Isfahan 白地図

【まちごとアジア】
イラン 001 はじめてのイラン
イラン 002 テヘラン
イラン 003 イスファハン
イラン 004 シーラーズ
イラン 005 ペルセポリス
イラン 006 パサルガダエ（ナグシェ・ロスタム）
イラン 007 ヤズド
イラン 008 チョガ・ザンビル（アフヴァーズ）
イラン 009 タブリーズ
イラン 010 アルダビール

ASIA
イラン

天空に浮かぶ青のドーム、贅のかぎりをつくした宮殿、2km続く伝統あるバザール。イマーム広場を中心に広がるイスファハンには、ペルシャ・イスラム芸術の粋を集めた建築が残り、「イランの真珠」とたとえられている。

イスファハンの歴史は紀元前にさかのぼり、バビロン捕囚から逃れたユダヤ人が、このあたりに住み着いたという伝説が残っている。その後、アラブ軍、ブワイフ朝、セルジューク朝などの都がおかれたあと、1597年、サファヴィー朝のアッバース１世がここに「地上の楽園」にたとえられる都の造営

Isfahan
イスファハン اصفهان

　を行なったことで、現在見られる美しいオアシス都市が出現した。

　18世紀、アフガン族の侵入を機に、サファヴィー朝は滅亡し、政治の中心はイスファハンからテヘランに移っていった。かつて「イスファハン・ネスフェ・ジャハーン（イスファハンは世界の半分）」と言われたイマーム広場（王の広場）は世界遺産に登録され、多くの観光客が訪れている。

【まちごとアジア】

イラン 003 イスファハン

目次

イスファハン	xxviii
美しきオアシス都市	xxxiv
イマームモスク鑑賞案内	xlv
広場城市案内	lvii
庭園通り城市案内	lxix
旧市街城市案内	lxxxv
イマームホセイン城市案内	xcix
ザーヤンデルード城市案内	cv
ジョルファ城市案内	cxiii
郊外城市案内	cxx
城市のうつりかわり	cxxviii

【MEMO】

【地図】イラン

美しき
オアシス
都市

ASIA
イラン

サファヴィー朝王族が暮らした宮殿
人々のための巨大な金曜モスク
かつて、この広場は「世界の半分」とたたえられていた

砂漠のオアシス都市

不毛な乾燥地帯が続くイラン高原にあって、イスファハンはザグロス山脈から流れるザーヤンデ・ルード（生命を生み出す川）の恵みで育まれてきた。国土のほとんどが不毛地帯におおわれたこの地にあって河川はほかに変えることができないほどの恵みをもたらすことになった。ペルシャ語では砂に覆われた「砂漠（キャビール）」と、草がまばらに生えた岩石の転がる「荒地、水のないところ（ビヤーバーン）」では単語が違うという。

Isfahan　美しきオアシス都市

ペルシャ建築の最高傑作

17世紀のサファヴィー朝時代に国の中心だったイマーム広場。当時、「世界の半分」と語られるほどの繁栄を見せ、イマーム・モスクや王族の暮らした宮殿などは現在も残る。木材のとぼしい環境からレンガが建築材料に使われ、またドームやイワンはイスラム化する7世紀以前にイランで生み出された技法となっている。偶像崇拝が禁じられたイスラム世界では、彫刻や音楽などの代わりにモスク建築やその壁面装飾を彩る文様、カリグラフィー（書道）などで高い芸術性が見られる。なかでもイスファハンのものは世界最高峰のイスラム芸術と

ASIA
イラン

され、この様式は中央アジアやインドなど世界各地に伝播している。

イスファハンの繁栄を伝える記録

「東方世界でもっとも大きく、もっとも美しい街、それがイスファハンである」。17世紀にこの街を訪れたフランスの宝石商人シャルダンはこのような記録を残している。当時、イスファハンの人口は50万人を抱え、都市の規模はロンドン、パリ、イスタンブール、北京、江戸（東京）とならぶ世界最大級のものだった。「162のモスク、48のマドラサ、182のキャ

Isfahan 美しきオアシス都市

▲左　ザーヤンデ・ルードにかかる橋、美しいたたずまいを見せる。　▲右　天空に浮かぶ青いドーム、イスファハンのシンボル

ラバン・サライ、173 の公衆浴場があった」と言われ、都市の繁栄の様子がうかがえる。

【地図】イラン中心部

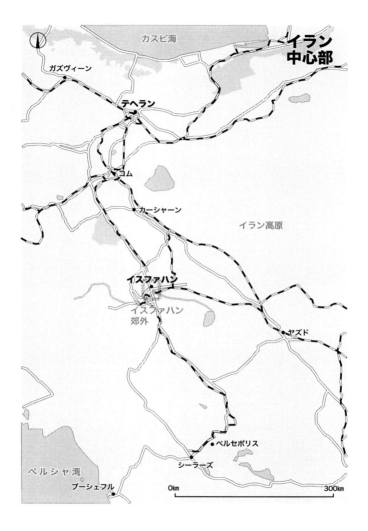

【地図】イスファハン

【地図】イスファハンの [★★★]
- [ ] イマーム・モスク（王のモスク）Imam Mosque
- [ ] イマーム広場 Imam Square
- [ ] スィ・オ・セ・ポル（33間橋）Si-O-She Bridge

【地図】イスファハンの [★★☆]
- [ ] チェヘル・ソトゥーン宮殿 Chehel South Palace
- [ ] ハシュト・ベヘシュト宮殿 Hasht Behesht Palace
- [ ] マスジッデ・ジャーメ（金曜モスク）Jameh Mosque
- [ ] ジョルファ地区 Jolfa

【地図】イスファハンの [★☆☆]
- [ ] チャハール・バーグ通り Chahar Bagh Street
- [ ] ヤフーディヤ（旧市街）Old City
- [ ] 古広場 Old Square
- [ ] マスジッド・セイード Masjed-e Sayyed
- [ ] ハマム博物館 Muze-ye Hammam
- [ ] ザーヤンデ・ルード（川）Zayandeh River
- [ ] ハージュー橋 Khaju Bridge
- [ ] 薔薇園（殉教者の花園）Golestan-e Shohada
- [ ] ヴァーンク教会 Vank Cathedral

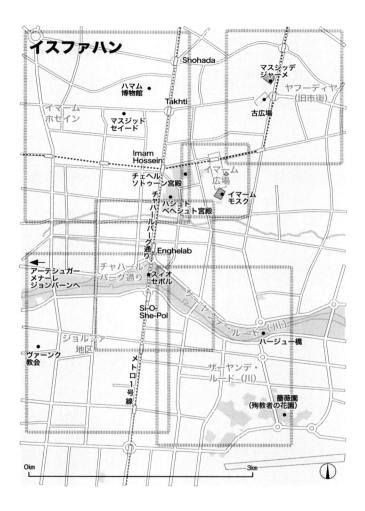

【MEMO】

ASIA
イラン

【MEMO】

Isfahan　美しきオアシス都市

**Guide,
Imam Square**

イマームモスク鑑賞案内

イスファハン最高の建築イマーム・モスク
広場に対してななめにのぞみ
美しいたたずまいを見せている

イマーム・モスク（王のモスク）Imam Mosque［★★★］
イラン・イスラム芸術の最高傑作と言われるイマーム・モスク。アッバース1世の命で1611年に着工し、20年のときを要して完成したのは王の死後のことだった。最大の特徴は、メッカの方角への関係から広場に対して45度傾いていることで、劇的な印象を見る者にあたえる。空中に浮かぶ青のドームはイスファハンのシンボルとされるほか、美しい装飾や建築様式など紀元前からの伝統をもつペルシャ建築の集大成となっている。

【地図】イマームモスク

【地図】イマームモスクの [★★★]
- ☐ イマーム・モスク（王のモスク）Imam Mosque
- ☐ イマーム広場 Imam Square

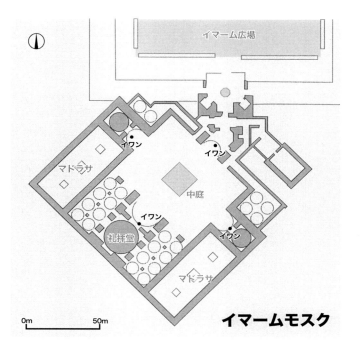

ASIA
イラン

礼拝を呼びかけるミナレット

礼拝への呼びかけを行なうアザーンが流されるミナレット（尖塔）。古代キリスト教会の鐘楼がもとになっていると言われ、モスク建築で重要な視覚効果を果たしている。イマーム・モスクでは、ミナレットは装飾的な意味あいが強く、礼拝への呼びかけはミナレットからではなくモスク上部に敷設されたテラスから行なわれている。

イマームモスク鑑賞案内

▲左　門の役割を果たすイワン、内部空間と外部空間をつなぐ。　▲右　17世紀当時と変わらない技法で彩られたドームのタイル

楽園が映されたドーム

直径28m、その頂上の高さは50mを超すイマーム・モスクのドーム。外観の美しさに加え、青は水や空（楽園や宇宙）を象徴し、見る人々にしあわせをあたえるという。ドームは古代ペルシャで発明され、方形プランをずらしながら積みあげ、そのうえにドームを載せるスクインチ技法がとられている。ドームのタイルは半世紀ごとにはりかえられていて、技法は17世紀より変わっていないと言われる。ターコイズ・ブルー、コバルト・ブルー、黄色、白色などが組みあわされたタイルの総数は64万個になるのだという。

ASIA
イラン

来訪者を導くイワン

内部と外部の空間を結ぶ門の役割を果たすイワン。イマーム・モスクでは広場から入る入口で見られるほか、中庭の四方に4つのイワンが配されている。イワンはパルティア時代に「遊牧民の天幕」をイメージして発明されたとも言われ、モスク、宮殿などのイスラム建築でかかせない様式となっている。

職人技が光る装飾タイル

装飾タイルには単色のタイルを1枚ずつはめこんでならべるモザイク・タイルとあらかじめ模様を描いた正方形のタイル

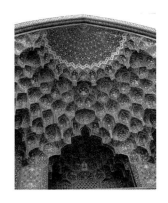

▲左　夜、ライトアップされたイマーム・モスク。　▲右　イスラム芸術の白眉ムカルナス

をならべる絵づけタイルの2種類がある。色の境界や文様をはっきりと表現できるモザイク・タイルと絵柄自体をしっかり見せることができる絵づけタイル。いずれも長い時間をかけて技術を習得した職人によって扱われる。

蜂の巣天井ムカルナス

イマーム広場に面したイワン上部にほどこされたムカルナス。「蜂の巣」「鍾乳石」になぞらえられる装飾で、イスラム世界で広く見られる。10世紀ごろに生み出され、11世紀末には現在のかたちへ発展した。アーチ曲線を折りまげ、反復

ASIA
イラン

させることで複雑な独特の美を見せる。とくにイマーム・モスクのものはイスラム世界でも最高傑作とされる。

4つのイワンに囲まれた中庭

幅70m奥行き50mからなるイマーム・モスクの中庭。四方を壁面に囲まれ、それぞれ4つのイワンで内部と外部が連結されている。建物外部とは別に中庭をもつプランは、キャラバン・サライなどでも見られるようにイスラム建築では一般的なものとなっている。

Isfahan イマームモスク鑑賞案内

人々が祈りを捧げる礼拝堂

ドームの真下に位置する礼拝堂。イスラム教徒はイスラム教の聖地メッカの方角に向かって礼拝し、とくにこのモスクでは金曜日に集団礼拝が行なわれる。天井には宇宙をあらわすように星々の意匠が見られ、壁面には草花とつる草、花や実などが描かれている（壁には鹿や孔雀、獅子も見られる）。これらの装飾は楽園を描いたもので、文様が反復されることは無限の広がりを示している。

【MEMO】

ASIA
イラン

【MEMO】

**Guide,
Imam Square**
広場
城市案内

「世界の半分」「世界の縮図」
17世紀、そうたたえられていたイマーム広場
現在も当時の姿を伝えている

イマーム広場 Imam Square［★★★］

サファヴィー朝アッバース1世の号令のもと、1597年に遷都された新たな都。その中心となったのがイマーム広場で、そのにぎわう様子から「ナクシェ・ジャハーン（世界の縮図）」と呼ばれていた。古広場の南西に造営された東西160m、南北512mの広場の四方には、イマーム・モスク、アリー・カプー宮殿、ルトゥフ・アッラー・モスク、バザールが配置され、それらは二層からなる屋根つきのアーケードで結ばれていた。人々が金曜礼拝に訪れるモスクと王族のための宮殿が広大な広場に面していて、ここはサファヴィー朝の政治、経済、文化の中心だった。

【地図】イマーム広場

【地図】イマーム広場の [★★★]
- [ ] イマーム・モスク（王のモスク）Imam Mosque
- [ ] イマーム広場 Imam Square
- [ ] シェイフ・ルトゥフ・アッラー・モスク Sheikh Lotfollah Mosque
- [ ] イスファハン・バザール Esfahan Bazaar

【地図】イマーム広場の [★★☆]
- [ ] アリー・カプー宮殿 Ali Qapu Palace
- [ ] チェヘル・ソトゥーン宮殿 Chehel South Palace

【地図】イマーム広場の [★☆☆]
- [ ] ポロのゴール Polo's Goal

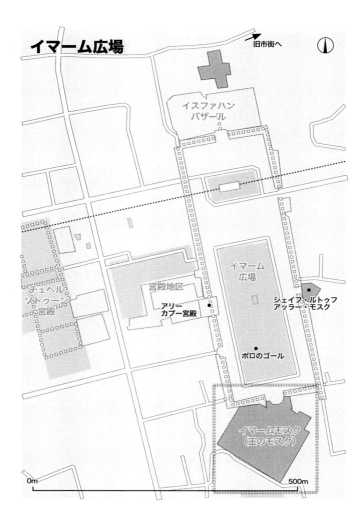

ASIA
イラン

広場のにぎわい

サファヴィー朝時代、この広場では、あるときは王と外国使節とのあいだで謁見が行なわれ、アリー・カプー宮殿のバルコニーからポロを観戦する王族の姿もあった。ふだんは自由に商売やパフォーマンスを行なう人々や夕暮れになると娼婦も見られたという。そのにぎわいは夜がふけるまで絶えることなく、夜には5万もの土器製ランプの照明がたかれていた。またフサインが殉教したイスラム月1月（モハラム）のアーシュラーの日には、その追悼式がここで盛大に行なわれる。

▲左 イマーム広場は地上の楽園にたとえられていた。　▲右 広場に集まる人々、遠くには旧市街が見える

シェイフ・ルトゥフ・アッラー・モスク
Sheikh Lotfollah Mosque［★★★］

重量感ある黄色いドームをもつシェイフ・ルトゥフ・アッラー・モスク。シェイフ・ルトゥフ・アッラーは、この都を造営したアッバース1世が招聘したイスラム教シーア派の宗教指導者で、王はその娘と結婚するなど聖者に師事していた。サファヴィー王族の礼拝用モスクであったため、内部はこぢんまりとしているが、精緻なムカルナス、タイル装飾などから高い芸術性を感じられる。イスファハン出身の建築家モハンマド・ブン・オスタード・ホセインによって設計され、1603年から1619年にかけて建てられた。

ASIA
イラン

王族専用モスクのプラン

イマーム広場に面したイワンからモスク内部に入り、長い通路を抜けると一気に空間が開ける。天井や壁面はモザイク・タイルを組みあわせることでくまなく装飾されており、モスク入口や礼拝堂の美しい碑文は、有名な書家アリー・レザー・アッバシーの手によるもの。またこのモスクには、中庭や回廊、ミナレットといったモスク建築の諸要素が存在しないことから、ササン朝以来のゾロアスター教神殿の様式を踏襲したのではないか、とも解釈されている。

Isfahan 広場城市案内

▲左 「世界の半分」とたとえられたイマーム広場。　▲右 ボリューム感あるドーム、王族用のモスクだった

イランのイスラム教（シーア派）

古代イランの国教はゾロアスター教で、7世紀のアラブ軍侵入以降、イランはイスラム化していった。現在、イラン人の9割が信仰しているのは、イスラム世界で広く信仰されているスンニ派でなく、ムハンマドの娘婿アリーとその子孫をイマーム（指導者）と認めるシーア派。「神隠れ状態にある12代目のイマームがいつの日か再臨して世界を救う」という教えにはゾロアスター教の救世思想の影響が認められるという。12代目のイマームが現れるまで、イスラム法学者による代理統治を行なうという考えのもと、イランは世界でもめ

ずらしい政治形態がとられている。

アリー・カプー宮殿 Ali Qapu Palace ［★★☆］

アリー・カプー宮殿（至高の宮殿）はサファヴィー朝の政治がとり行なわれた場所で、イマーム広場の西側は王族が暮らす宮殿地区として設計されていた。王はここで外国使節に会い、また宮殿のテラスから広場の人々に謁見した。広場に面したアリー・カプー門から入った宮殿内には迎賓館、図書館、音楽室、ぶどう収蔵庫、衣服庫が備えられていて、サファヴィー朝時代の栄華を今に伝えている（王は毎年8000着以

▲左　広場に面したアリー・カプー宮殿のテラス。　▲右　ポロのゴール、この広場ではポロが行なわれていた

上の衣服を臣下にあたえたのだという）。宮殿後部は7階建ての複雑なプランをもち、彫刻、細密画などで飾られた室内装飾としつらえられた調度品が配置されている。壁面にほどこされた文様は、当時、最先端の意匠で、絨毯や刺繍にも応用されていたという。

イマーム広場に臨むテラス

イマーム広場に乗り出すように設計された宮殿のテラスからは、「世界の半分」とたたえられた景色が見られる。ここで王は広場で行なわれるポロや軍のパレードなどを観覧し、サ

ASIA
イラン

ファヴィー宮廷を訪れた諸外国の使節と謁見したのだという。なおレセプションが行なわれる場合、200人以上の来客が収容され、テラス床の泉から牛のひく給水機で水が汲みあげられたという。

王のために奏でられる音楽

アリー・カプー宮殿の最上階の一室は、王が演奏される音楽を愉しむ場となっていて、天井のムカルナスは音が美しく増幅するように設計されている。イマーム広場でも、流しの音楽師が音を奏でるといった光景が見られた。

ポロのゴール Polo's Goal ［★☆☆］

ポロは馬にまたがったままスティックでボールを打ち点数を競うスポーツで、パルティア時代（紀元前3～後3世紀のイラン）に生まれたとされる。判断力、騎乗技術など複合的な要素が必要とされ、アラブやインドなど世界中に伝播し、唐の都長安でも大流行した（19世紀、イギリス人の目にとまって近代ポロが誕生した）。この広場でポロが行なわれるときは、商業用テントはすべて撤去され、王はアリー・カプー宮殿のバルコニーから競技を愉しんだという。

Guide,
Chahar Bagh Street
庭園通り
城市案内

イスファハン中心部を
南北に走るチャハール・バーグ通り
この街の南北を結ぶ大動脈となっている

チェヘル・ソトゥーン宮殿 Chehel South Palace ［★★☆］
アリー・カプー宮殿の後方につらなるチェヘル・ソトゥーン宮殿は、アッバース1世から続く王サフィー、そしてアッバース2世の治世にかけて造営された。ペルシャ語で「40本の柱」を意味するチェヘル・ソトゥーンという名は、この宮殿の東側にある20本の柱が、その前面にある池の水面に反射して倍に見えるところに由来する（池の水はザーヤンデ・ルードからひかれていた）。この列柱空間はちょうど宮殿内部から庭園のある外部に開かれるようにつくられていて、サファヴィー朝を訪れた来客はここでもてなされ、盛大な宴会が催

【地図】チャハールバーグ通り

【地図】チャハールバーグ通りの [★★★]
- [ ] イマーム広場 Imam Square
- [ ] スィ・オ・セ・ポル（33間橋）Si-O-She Bridge

【地図】チャハールバーグ通りの [★★☆]
- [ ] チェヘル・ソトゥーン宮殿 Chehel South Palace
- [ ] ハシュト・ベヘシュト宮殿 Hasht Behesht Palace
- [ ] チャハール・バーグ学院（王母の学院）Madraseh-ye Chahar Bagh
- [ ] ザーヤンデ・ルード（川）Zayandeh River
- [ ] ジョルファ地区 Jolfa

【地図】チャハールバーグ通りの [★☆☆]
- [ ] チャハール・バーグ通り Chahar Bagh Street

【地図】チェヘルソトゥーン宮殿

【地図】チェヘルソトゥーン宮殿の [★★★]
- [ ] イマーム広場 Imam Square

【地図】チェヘルソトゥーン宮殿の [★★☆]
- [ ] チェヘル・ソトゥーン宮殿 Chehel South Palace
- [ ] ハシュト・ベヘシュト宮殿 Hasht Behesht Palace
- [ ] チャハール・バーグ学院（王母の学院） Madraseh-ye Chahar Bagh
- [ ] アリー・カプー宮殿 Ali Qapu Palace

【地図】チェヘルソトゥーン宮殿の [★☆☆]
- [ ] チャハール・バーグ通り Chahar Bagh Street

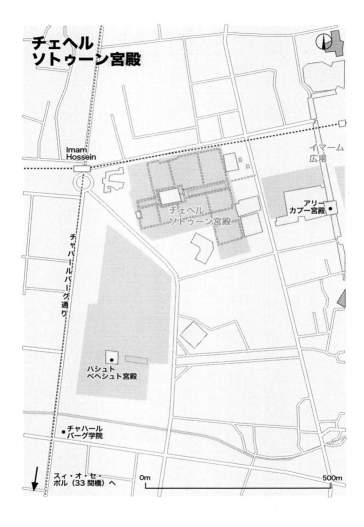

ASIA
イラン

されていた。また庭園は世界遺産にも指定されている。

チェヘル・ソトゥーン宮殿に飾られた壁画

チェヘル・ソトゥーン宮殿には、『ウズベク王の歓迎会』(1646)『オスマンとのチャルデラーンの戦い』(1514)『シャー・イスマイルの勝利』(1510) などの壁画が飾られている。外国の王を招いて行なわれた『宴会図』、またシルクロードを伝わって日本にもその意匠が伝わった『樹下美人図』なども見られる。壁画のなかで水が流れる庭園での場面が多く描かれているのは、サファヴィー王族が遊牧民を出自とし、オアシ

Isfahan 庭園通り城市案内

▲左 チェヘル・ソトゥーン宮殿に飾られたサファヴィー壁画。 ▲右 宮殿の20本の柱と池に映る20本の柱で40本

スの生活に強いあこがれをもっていたためだと言われる。

ムガル帝国第2代フマユーン帝の逃避

ペルシャ語で「モンゴル」を意味するムガル帝国は、中央アジアに勢力をもっていたバーブル帝が1526年、パニーパットの合戦で勝利してインドに進軍することで樹立された。ムガル帝国は第2代フマユーン帝に受け継がれたが、その支配は脆弱でインドの一勢力ほどに過ぎなかった。このようななかガンジス河流域で力をたくわえていたシェール・シャーの軍に敗れて（1540年、アーグラでスール朝が樹立される）、

ASIA
イラン

ムガル王族は隣国のサファヴィー朝ペルシャに逃れることになった。チェヘル・ソトゥーン宮殿には、インドのフマユーン帝を歓待するサファヴィー王族の壁画が残っており、後にインドへ戻ったフマユーン帝のムガル宮廷ではペルシャ文化の影響が強くなった。

タージ・マハルとサファヴィー朝

サファヴィー朝の初期の芸術は、先行するティムール朝時代のものから出発していて、「青の都」とうたわれたサマルカンドの建築より洗練された様式でイスファハンに結実した。

またサファヴィー朝と同時代のインドにあったムガル帝国は、ティムール朝の末裔を出自とし、タージ・マハル、ラホール・フォートなどの巨大建築を造営している。このムガル建築の設計に多くあたったのがペルシャ人建築家で、ムガル帝国ではペルシャ貴族、芸術家、詩人などが招聘され、その宮廷ではペルシャ語が話されていたという。

ハシュト・ベヘシュト宮殿 Hasht Behesht Palace［★★☆］
ハシュト・ベヘシュト宮殿は、アッバース１世が造営したバーグ・イ・ブルブル（夜啼き鶯の庭園）の中心に位置する。こ

ASIA
イラン

の宮殿はアッバース1世の治世からくだった第8代スレイマン王の時代（17世紀）に建てられたもので、ハシュト・ベヘシュトとは「8つの楽園」を意味する。その名前の通り、八角形プランの宮殿内部には同じかたちの部屋が4つあり、さらにその上部には4つの部屋が重なるように配置されている。あわせてこれら8つの部屋はひとつのドームのもとにまとめられていて、8つの天国が表現されているのだという。このような複雑なプランは「他にならぶものがなく複製が困難なよう」と王が命じたからだと伝えられ、サファヴィー王族たちの住居の役割を果たしていた。

▲左　職人のあいだで受け継がれてきた技術が見られる。　▲右　サファヴィー王族が暮らしたハシュト・ベヘシュト宮殿

Isfahan　庭園通り城市案内

ハレムの世界

ペルシャやトルコの王宮には、王の妃をはじめ、側室たちが暮らす後宮があり、それはハレムという名称で知られていた。イスラム世界では歴史的に一夫多妻制が認められ、とくに王は王妃のほかに多くの側室を抱えていた。ハレムは男人禁制で、管理するのは去勢された宦官の役割であった。ここでは女たちが詩や音楽などの芸術を愉しんだり、王に愛されるために化粧や装飾品の手入れをするなど女の世界が広がっていた。王の跡継ぎを生んだ妃はハレムで強大な権力をにぎることになり、ハシュト・ベヘシュト宮殿南西に位置する王母の

学院も跡継ぎを生んだ王母によって建てられた。また美女を輩出すると評判だったグルジア人女性も多く後宮に入っていたという。

チャハール・バーグ通り Chahar Bagh Street ［★☆☆］

市街を南北に走り、イスファハンの目抜き通りとなっているチャハール・バーグ通り。サファヴィー朝時代にイスファハンの新市街が造営されたとき、この通りは街の中心部からヘザール・ジャリーブ庭園（現イスファハン大学）までを結ぶ総長3kmの通りだった。そこでは幅80mのチャハール・バー

▲左 砂漠のオアシスで憩う人たち。 ▲右 チェヘル・ソトゥーン宮殿の庭は世界遺産にも指定されている

グ（庭園）が連続し、『コーラン』で描かれた楽園が具現化されていた。このチャハール・バーグは、現在、大通りとして整備され、植樹された樹木が通りを彩っている。

チャハール・バーグ学院（王母の学院）
Madraseh-ye Chahar Bagh ［★★☆］

イスファハン市街を南北に走る通りに位置するチャハール・バーグ学院はマドラサ、キャラバン・サライ、バザールからなる複合施設。アッバース2世の祖母であったディララム・ハーヌムが建設費用を出したことから、「王母の学院」とも

ASIA
イラン

呼ばれている。もともと王母はアッバース1世の子サフィーの後宮に入った女奴隷だったと言われるが、その息子が王に即位したことで地位を高めた。チャハール・バーグ学院が完成したのはスルタン・フセイン王（サファヴィー朝最後の王）の時代のことで、この建物が完成した8年後にアフガン部族の侵入で王朝はその歴史を終える。このマドラサの運営費を捻出していた隣のキャラバン・サライは現在、イスファハンの名門アッバシー・ホテルとなっている。

【MEMO】

ASIA
イラン

Guide, Old City
旧市街
城市案内

バザールから続く細い路地を歩いていくと
古い広場にたどり着く
イスファハンの伝統を伝える旧市街

イスファハン・バザール Esfahan Bazaar ［★★★］
イマーム広場北から旧市街へ向かって伸びるイスファハンの大バザール。アラブ軍が侵入した時代からの1000年以上の歴史をもち、屋根でおおわれたドームの下では絹製品、香辛料、絨緞などを売る商店が軒を連ねている。「ここにはあらゆる種類の店があり、あらゆる商品が売られている。そして世界中の国からやってくる商人たちの宿がある」。イスファハンを訪れたフランスの宝石商シャルダンが記すように、繁栄する街を象徴する通りだった。

【地図】旧市街

【地図】旧市街の [★★★]
- [ ] イスファハン・バザール Esfahan Bazaar
- [ ] イマーム・モスク（王のモスク）Imam Mosque
- [ ] イマーム広場 Imam Square

【地図】旧市街の [★★☆]
- [ ] マスジッデ・ジャーメ（金曜モスク）Jameh Mosque
- [ ] アリーのモスクとミナレット Masjed-e Ali, Menar-e Ali

【地図】旧市街の [★☆☆]
- [ ] ヤフーディヤ（旧市街）Old City
- [ ] 古広場 Old Square
- [ ] ババ・カーシム廟 Aramgah-e Baba Qasem
- [ ] サーレバーン・ミナレット Menar-e Sareban

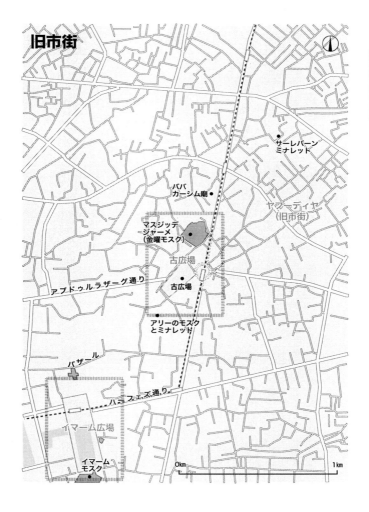

【地図】古広場

【地図】古広場の [★★☆]
- [ ] マスジッデ・ジャーメ（金曜モスク）Jameh Mosque
- [ ] アリーのモスクとミナレット
   Masjed-e Ali, Menar-e Ali

【地図】古広場の [★☆☆]
- [ ] ヤフーディヤ（旧市街）Old City
- [ ] 古広場 Old Square

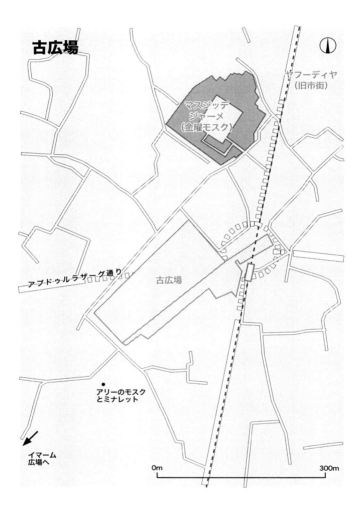

ASIA
イラン

ヤフーディヤ（旧市街）Old City ［★☆☆］

ヤフーディヤ（旧市街）は、サファヴィー朝時代に新市街が造営される以前に中心地だったところで、今でも古広場とともにマスジッデ・ジャーメが残っている。紀元前、ユダヤ人が住み着いたのがこのあたりだとされ、その後、10世紀のブワイフ朝、11世紀のセルジューク朝の都もヤフーディヤにおかれていた。15世紀になってティムールが侵入すると、イスファハンでは7万人もの市民が殺され、ヤフーディヤは壊滅状態に陥った。17世紀、ザーヤンデ・ルード（川）の水利に目をつけたサファヴィー朝のアッバース1世が新市街

▲左　世界遺産にも指定されているマスジッデ・ジャーメ（金曜モスク）。
▲右　イスファハンのバザール、イマーム広場と旧市街を結ぶ

を造営したことで、ヤフーディヤは旧市街となった。

古広場 Old Square [★☆☆]

旧市街の中心に位置する古広場（「玉座の場所」と呼ばれていた）。ササン朝時代（3〜7世紀）にさかのぼる起源をもち、サファヴィー朝以前のイスファハンはこの広場を中心にしていた。かつてはセルジューク朝の宰相ニザーム・アルムルクの命のよるニザーミヤ学院やコーヒーと芥子の煎じ薬を飲ませる茶店があったという記録も残っている。

ASIA
イラン

マスジッデ・ジャーメ(金曜モスク)Jameh Mosque[★★☆]

マスジッデ・ジャーメは8世紀からの伝統をもつイスファハンに現存するもっとも古いモスク。創建当時は日干しレンガでつくられた質素な礼拝室をもつ小さな建物に過ぎなかったが、セルジューク朝のマリク・シャーに仕えたペルシャ人宰相ニザーム・アルムルクの命で大規模な改修があった。この地を訪れたイブン・バットゥータは「水が豊富で、果樹園のある華麗な町で、見事な造りのモスクが一つあり、そこに川が流れていた」という記録を残している。世界文化遺産。

▲左　イスファハン随一の高さを誇るアリーのミナレット。　▲右　バザールの店主

モスク建築の完成

セルジューク朝時代の11〜12世紀は、ドーム、4イワン、アーチ、円形ミナレットという現在のモスク建築の様式が確立された時代だとされる。イスファハンのマスジッデ・ジャーメは現在、世界中で見られるこの様式初期の姿を残していて、セルジューク朝を代表する建築となっている。

アリーのモスクとミナレット
Masjed-e Ali, Menar-e Ali ［★★☆］

ハールーン・ヴェラーヤト廟の向かいに位置するアリーのモ

▲左 渇いた景色が遠くまで続く。 ▲右 精緻な職人技が光る、旧市街にて

スクとミナレット。高さ54mのミナレットはイスファハンでもっとも高く、セルジューク朝のマリク・シャーが、狩りの際に誤って射った子供の供養のためにつくったと言われている。円形で先が細くなっていくこのミナレットは、セルジューク朝時代（11世紀）の特徴を伝えているという。

ババ・カーシム廟 Aramgah-e Baba Qasem [★☆☆]

14世紀のイスラム神学者ババ・カーシムの霊廟。レンガと青タイルで装飾された屋根には、美しいアラビア文字と幾何学文様の意匠が見える。かつてこの霊廟では裁判が行なわれ

【MEMO】

ていて、もし裁判官の前で嘘をついたら、ババ・カーシムが怒り、その者は張り裂けて腸が飛び出したという。

サーレバーン・ミナレット Menar-e Sareban [★☆☆]
セルジューク朝時代に建造されたサーレバーン・ミナレット（円形の様式をもつ）。かつてルート砂漠を横断する隊商のために、等間隔で塔が築かれていたが、このミナレットでも夜には火が焚かれて陸の灯台の役割を果たしていた。バルコニー下部では繊細な装飾をもつタイル装飾が見られる。

【MEMO】

ASIA
イラン

Guide, Imam Hossein
イマームホセイン城市案内

マスジッド・ハキームやハマム跡
この街に息づく
人々の生活ぶりを垣間見る

マスジッド・ハキーム Masjed Hakim ［★☆☆］

サファヴィー朝宮廷に仕えた医師モハンマド・ダーウードの送金で建てられたマスジッド・ハキーム（ハキームは「医師」を意味する）。モハンマド・ダーウードはアッバース2世の主席侍医だったが、その寵愛を失い、イスファハンを追われてしまった。彼が亡命したのはインドのムガル帝国で、第6代アウラングゼーブ帝に仕えて地位を得ると、故郷イスファハンの家族に送金し、モスクを建てることにした。結局、医師はムガル宮廷でも失脚して失意のまま1662年に亡くなり、このモスクが完成したのは彼が死んだ年のことだった。

【地図】イマームホセイン

【地図】イマームホセインの [★★★]
- ☐ イマーム広場 Imam Square
- ☐ イマーム・モスク（王のモスク）Imam Mosque

【地図】イマームホセインの [★★☆]
- ☐ チェヘル・ソトゥーン宮殿 Chehel South Palace
- ☐ ハシュト・ベヘシュト宮殿 Hasht Behesht Palace

【地図】イマームホセインの [★☆☆]
- ☐ マスジッド・ハキーム Masjed Hakim
- ☐ マスジッド・セイード Masjed-e Sayyed
- ☐ ハマム博物館 Muze-ye Hammam
- ☐ チャハール・バーグ通り Chahar Bagh Street

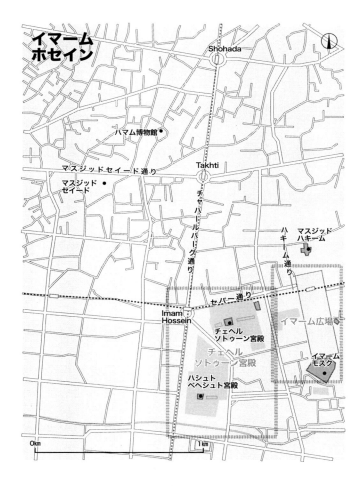

ASIA
イラン

ジョルジールの門 Masjed Jorjir ［★☆☆］

ジョルジールの門は、イスファハンに現存する唯一のブワイフ朝時代の遺構。10世紀、イランを統治したブワイフ朝はイスファハンに都をおき、街の周囲には城壁がめぐらされていた。この門はブワイフ朝3代スルタン・ファフロッドウレの宰相サーエブ・ブン・アッバードによるジョルジール・モスクの遺構の一部で、現在、ハキーム・モスク（ジョルジール・モスクの跡地に建設）の管理になっている。

マスジッド・セイード Masjed-e Sayyed ［★☆☆］

サファヴィー朝以後の 19 世紀、カージャル朝時代に建てられたマスジッド・セイード。サファヴィー朝時代のペルシャ芸術はカージャル朝に受け継がれたが、都がテヘランに遷されたため、イスファハンは往時の輝きを失うようになった。

ハマム博物館 Muze-ye Hammam ［★☆☆］

イスファハンのイマーム広場北西に位置するハマム博物館。サファヴィー朝時代のハマムを改築して博物館にされていて、当時の雰囲気を感じられる。

【MEMO】

Guide,
Zayandeh River
ザーヤンデルード
城市案内

ザグロス山脈からくだったザーヤンデ・ルード（川）
その流れは海にいたらず砂漠に消えていく
イスファハンをうるおす「生命の川」

スィ・オ・セ・ポル（33間橋）Si - O - She Bridge［★★★］
ザーヤンデ・ルード（川）に架かるスィ・オ・セ・ポル（33間橋）。長さ300m幅14mの橋はアッバース1世の命で1602年に完成し、市街中心部と川の南側にあったヘザール・ジャリーブ庭園を結んでいた。アーチを33個連続させていることからその名前がとられ、アーチと川面に映る陰影でつくられた美しい六角形が映し出されている。また灌漑のためのダム機能もあわせもっており、ザーヤンデ・ルード（川）の水が街中にひかれている。

【地図】ザーヤンデルード

【地図】ザーヤンデルードの [★★★]
- [ ] スィ・オ・セ・ポル（33間橋）Si-O-She Bridge

【地図】ザーヤンデルードの [★★☆]
- [ ] ザーヤンデ・ルード（川）Zayandeh River
- [ ] ジョルファ地区 Jolfa

【地図】ザーヤンデルードの [★☆☆]
- [ ] チュービー橋 Chubi Bridge
- [ ] ハージュー橋 Khaju Bridge
- [ ] 薔薇園（殉教者の花園）Golestan-e Shohada
- [ ] イスファハン大学（ヘザール・ジャリーブ庭園）Esfahan University
- [ ] チャハール・バーグ通り Chahar Bagh Street

ASIA
イラン

ザーヤンデ・ルード（川）Zayandeh River［★★☆］

「生命を生み出す」と名づけられたザーヤンデ・ルード（川）。イスファハンの西150kmのザグロス山脈を源とし、蛇行しながら流れてイスファハンで最大の川幅を見せる。ここから100km先には直径40kmの巨大な塩湖があり、ザーヤンデ・ルード（川）は海にそそがず砂漠に消えていく。乾燥地帯が続くイランにあって、「生命の水」「奇跡の川」と呼ばれるこの川の恵みがオアシス都市イスファハンを育んできた。

▲左　高度な技術でかけられた橋、水面にその姿を映す。　▲右　夜遅くまで人は絶えない

イスファハンの憩いの場所

ザーヤンデ・ルード（川）のほとりでは水遊びをする人やチャイを飲みながらくつろぐ人、ボート遊びをする人などが見られる。春には新年を迎えるために絨緞を洗う人の姿もあり、夏の夜には深夜まで人だかりが絶えない。

チュービー橋 Chubi Bridge ［★☆☆］

ザーヤンデ・ルード（川）にかかる長さ150mのチュービー橋。スィ・オ・セ・ポルやハージュー橋にくらべて人通りが少なくこぢんまりとしている。サファヴィー朝7代目の王

アッバース 2 世の治世のもの。

ハージュー橋 Khaju Bridge ［★☆☆］
スィ・オ・セ・ポルから 3 本東に位置するハージュー橋。長さ 130m、幅 12m の橋はアッバース 2 世の時代にかけられた。上下二層の構造になっていて、上部ではサファヴィー王族のための宴が開かれていたのだという。また橋のしたで営業するチャイハネも多くの人でにぎわっている。

ザーヤンデルード城市案内 | Isfahan

薔薇園（殉教者の花園）Golestan-e Shohada ［★☆☆］
1980年にはじまったイラン・イラク戦争で生命を落とした人たちが葬られた薔薇園。その数は10万人にもなり、生命を落とした青年の肖像画が飾られている。

Guide, Jolfa
ジョルファ城市案内

サファヴィー朝のもと
活躍したアルメニア商人
ジョルファ地区にはキリスト教会が点在する

ジョルファ地区 Jolfa ［★★☆］

イスファハン市街の南西に位置するジョルファ地区。ここは17世紀、アッバース1世が整備したキャラバン・サライの一大拠点だったところで、アルメニア商人が絹の独占販売を行なっていた（商才に長けたアルメニア人を移住させて経済を振興させた）。この地に移住したアルメニア人がもともとアゼルバイジャン地方アラス川岸のジョルファに暮らしていたところから、ジョルファ地区と名づけられた。かつてここではペルシャ語ではない言語が話され、キリスト教会ではミサが行なわれていたという（この時代、トルコを通るルート、

【地図】ジョルファ地区

【地図】ジョルファ地区の [★★★]
- [ ] スィ・オ・セ・ポル（33間橋）Si-O-She Bridge

【地図】ジョルファ地区の [★★☆]
- [ ] ジョルファ地区 Jolfa
- [ ] ザーヤンデ・ルード（川）Zayandeh River

【地図】ジョルファ地区の [★☆☆]
- [ ] ヴァーンク教会 Vank Cathedral
- [ ] チャハール・バーグ通り Chahar Bagh Street

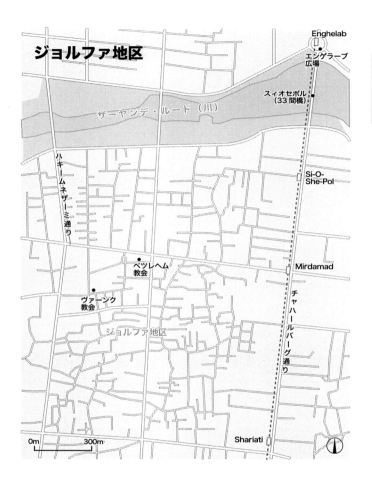

ASIA
イラン

カスピ海のルート、ペルシャ湾のルートが発達した)。近い文化をもつヨーロッパの旅人が、当時、旅装をといたのもこのジョルファ地区だった。

▲左　イスファハンを育んだザーヤンデ・ルード（川）。　▲右　ジョルファ地区にはキリスト教会が立つ

さまざまな人種が共存する国際都市

アルメニア人のほかにも17世紀のイスファハンには数多くの外国人が滞在していた。行政をになったペルシャ人、軍事に担当したトルコ人、そのほかにも薬種商を営むユダヤ人、イスラム教徒に代わって金融業にあたったインド人、そして東インド会社の商館も建てられていた。イスファハン郊外にはゾロアスター教徒を鳥葬するダフメ（円形の塔）があり、ヒンドゥー教徒の死者は火葬され、その灰はザーヤンデ・ルード（川）河畔のガートから流されていたのだという。

ASIA
イラン

ヴァーンク教会 Vank Cathedral ［★☆☆］

ヴァーンク教会はジョルファ地区にあるアルメニア使徒教会で、ジョルファ地区が整備されて以来の歴史をもつ。アルメニア人は歴史上はじめてキリスト教を国教とし、ノアの子孫を自認していることで知られる（カトリックやギリシャ正教とも異なる宗派）。内部は聖人の油絵で飾られていて、イラン・イスラム様式とヨーロッパ・キリスト教様式の双方の影響が見られるほか、博物館も併設してある。

【MEMO】

Guide, Around Esfahan
郊外
城市案内

ASIA
イラン

遊牧民、ゾロアスター教
イランが育んできた
姿がイスファハン郊外にある

イスファハン大学（ヘザール・ジャリーブ庭園）
Esfahan University [★☆☆]

現在のイスファハン大学のキャンパスは、サファヴィー朝時代のヘザール・ジャリーブ庭園の敷地跡に建てられている。ここではザーヤンデ・ルード（川）の水をひくことで水が縦横に流れ、一辺が2kmの庭園には果樹が茂っていたのだという。遊牧民を出自とするサファヴィー王族はこの庭園に天幕をはって水と緑に囲まれながら生活を過ごし、そこでは「地上の楽園」と呼ばれる光景が広がっていた。

郊外城市案内

シャフレスターン橋 Shahrestan Bridge ［★☆☆］

シャフレスターン橋はイスファハンでもっとも古い橋で、創建はササン朝時代にさかのぼる。当時、街があったジェイ近くにかけられたのち、増改築が繰り返され、現在の姿となった（長さ 100m 幅 5m）。ハージュー橋から東に 3km。

遊牧生活を送ってきたバフティヤーリー族

イスファハン郊外からイラン西部のフーゼスタン地方のあいだを遊牧しながら生活してきたバフティヤーリー族。サファヴィー朝時代から羊や山羊を連れて、湧き水や地下水のある

【地図】イスファハン郊外

【地図】イスファハン郊外の [★★★]
- ☐ イマーム広場 Imam Square

【地図】イスファハン郊外の [★★☆]
- ☐ ジョルファ地区 Jolfa

【地図】イスファハン郊外の [★☆☆]
- ☐ イスファハン大学（ヘザール・ジャリーブ庭園）Esfahan University
- ☐ シャフレスターン橋 Shahrestan Bridge
- ☐ アーテシュガー Ateshgah
- ☐ メナーレ・ジョンバーン Menar Jomban
- ☐ ソフェー山 Kuh-e Soffe
- ☐ ヤフーディヤ（旧市街）Old City
- ☐ チャハール・バーグ通り Chahar Bagh Street

場所を転々とし、年に数度、イスファハンで生活必需品を買い出して、再び遊牧の世界へと帰っていった。現在はバフティヤーリー族のなかでも遊牧生活を捨て、都市に定住する者が少なくない（19世紀のカージャル朝時代にはバフティヤーリー族の部族長が実質的なイスファハンの支配者となっていたという歴史もある）。

アーテシュガー Ateshgah ［★☆☆］

イスファハンから西10 kmに位置するアーテシュガー。ササン朝時代に建てられたゾロアスター教の神殿跡が残る。小高

▲左　イスファハン南郊外にそびえるソフェー山。　▲右　ザーヤンデ・ルードに面したチャイハネ

い山のうえに位置することから、遠方にイスファハン市街が眺められる。

メナーレ・ジョンバーン Menar Jomban ［★☆☆］

メナーレ・ジョンバーンはイスラム聖者アムー・アブドッラー廟に付設されたミナレットで、14世紀に建てられた。「揺れるミナレット」として有名で、対になった片方を内部で揺らすと、もう一方も揺れるという構造になっている。

ASIA
イラン

ソフェー山 Kuh-e Soffe ［★☆☆］

イスファハンの南側にそびえるソフェー山。ここからはイスファハンの街が一望できる。17世紀にこの地を訪れたフランスの宝石商シャルダンの記録によると、かつてこの山の中腹に「ソロモンの王座亭」という庵があり、王族の避暑地となっていたという。また異民族の侵入や内乱から逃れるために避難した人々の住居跡など、山のいたるところに城跡や廃墟が残っている。

城市の
うつり
かわり

ASIA
イラン

古代オリエントから受け継がれたペルシャの伝統は
17世紀のイスファハンで頂点をきわめる
サファヴィー朝ペルシャの栄華を伝える街

バビロン捕囚と古代オリエント時代（紀元前6世紀〜）

イスファハンの歴史は、紀元前6世紀にバビロン捕囚から解放されたユダヤ人の一派が現在の旧市街あたりに移住した時代にはじまると言われる。新バビロニアによって捕囚されていたユダヤ人はアケメネス朝ペルシャのキュロス王によって解放されることになった。

ササン朝ペルシャ（3〜7世紀）

3世紀、アケメネス朝と同じファールス地方から起こったササン朝。イスファハンは228年、ササン朝のアルダシール王

Isfahan｜城市のうつりかわり

に征服され、もともとあった街ヤフーディヤではなく、そこから南東のジェイに軍営がおかれた。シャハレスターン橋の歴史はこの時代にまでさかのぼる。

アラブ軍（7 世紀〜）

7世紀にアラビア半島に興ったイスラム教は、急速にその勢力を広げ、イランもアラブ軍の支配下におかれた。イスファハンに入ったアラブ軍はジェイに軍営を構え、この街に礼拝のためのモスクがはじめて建てられた。その後、アッバーズ朝時代に入った 767 年、ジェイとヤフーディヤのあいだに古

ASIA
イラン

広場がつくられ、本格的な都市づくりが進められた。773年ごろ今も旧市街に残るマスジッデ・ジャーメの原型が建立されたと伝えられる。

ブワイフ朝（10〜11世紀）

10世紀、イラン北部を出身とするブワイフ族は、勢力を伸ばしてアッバース朝カリフから「貴族」の称号を受けてイランを実質的に支配した。ブワイフ朝の都はイスファハンにおかれ、アラブ軍支配時代からの都市に城壁がめぐらされた。ブワイフ朝以後、イスファハンは中央アジアから侵入したト

▲左　正面から見たイマーム・モスク、美しいたたずまい。　▲右　馬車が走る様子は中世を思わせる

ルコ系ガズニ朝に占領されることになった。

セルジューク朝（11〜12世紀）

ガズニ朝と同じく中央アジアから興ったセルジューク朝トルコは、イランに侵入する過程でペルシャ化していった。トゥグリル・ベグはアッバース朝カリフからスルタンの称号を受けて、東方イスラム世界の支配者となり、イスファハンにこのセルジューク朝の都がおかれていた。その統治下でペルシャ・イスラム建築が花開き、ドーム、4イワン、アーチ、円形ミナレットをもつマスジッデ・ジャーメをはじめ、旧市

ASIA
イラン

街にはこの時代の建築が多く残っている。

モンゴル、ティムールの侵入（13 ～ 15 世紀）

ユーラシア全域に勢力を誇ったモンゴル帝国。1240 年、モンゴル軍はイスファハンに侵入し、略奪、収奪が行なわれた。その後、イスファハンは復興をとげるが、14 世紀末になってチンギス・ハンの後継を自認するティムールの侵入を受けて再び、甚大な被害をこうむった（1387 年、1414 年）。ティムール軍の軍営地は現在のイマーム広場におかれていた。

Isfahan 城市のうつりかわり

サファヴィー朝（16〜18世紀）

イラン北西のイスラム神秘主義教団から起こったサファヴィー朝。その都はタブリーズからガズヴィーンに遷り、1597年、第5代アッバース1世がザーヤンデ・ルードの水利に目をつけ、イスファハンに新たな首都が造営された。それまでの街の中心から南西に王の広場（イマーム広場）がつくられ、その周囲にモスク、宮殿、バザールが配置されるなど、政治・経済・文化の機能が集約された。現在のイスファハンに直接つながる街のかたちはこの時代に整備された。

ASIA
イラン

カージャル朝（18〜20世紀初頭）

1722年にアフガン族がイスファハンに侵入したことでサファヴィー朝は滅び、イランは混乱の近代を迎えていた。この時代、イランを支配したのがトルクメン系のカージャル朝で、その統治下のイスファハンでは遊牧民バフティヤーリー族が街の有力者となっていた。19世紀はじめまではイスファハンはタブリーズとならぶイラン屈指の都市規模だったが、カージャル朝の首都がテヘランに遷されたこともあり、やがて政治の中心はイラン北部に移っていった。

▲左　噴水から水が吹き出す乾燥地帯に生きる人々の憧れ。　▲右　美しい庭園都市イスファハン

Isfahan　城市のうつりかわり

現代（20世紀〜）

1925年、軍人レザー・シャーによって樹立されたパフラヴィー朝。西欧化が進められ、道路が整備されるなどイスファハンも近代都市へと変貌をとげた。けれども急激な西欧化は伝統を重んじる人々の反発を買い、1979年に世界でも類をみないイスラム革命が起こった（そのときから王の広場はイマーム広場、王のモスクはイマーム・モスクへと改名された）。イランが国際的にも特異な位置をしめるなか、イスファハンは観光都市として世界的に知られている。

参考文献

『アジア古都物語イスファハン』(平井敦・石元泰博・深見奈緒子 /NHK 出版)

『イスラム建築がおもしろい!』(深見奈緒子 / 彰国社)

『世界の歴史 15 成熟のイスラーム世界』(永田雄三・羽田正 / 中央公論社)

『ペルシア建築』(A・U・ホープ / 鹿島出版会)

『シャルダン「イスファハーン誌」研究』(羽田正 / 東京大学出版会)

『イラン史』(蒲生礼一 / 修道社)

『岩波イスラーム辞典』(岩波書店)

『世界大百科事典』(平凡社)

まちごとパブリッシングの旅行ガイド

Machigoto INDIA , Machigoto ASIA , Machigoto CHINA

【北インド - まちごとインド】

001 はじめての北インド
002 はじめてのデリー
003 オールド・デリー
004 ニュー・デリー
005 南デリー
012 アーグラ
013 ファテープル・シークリー
014 バラナシ
015 サールナート
022 カージュラホ
032 アムリトサル

【西インド - まちごとインド】

001 はじめてのラジャスタン
002 ジャイプル
003 ジョードプル
004 ジャイサルメール
005 ウダイプル
006 アジメール（プシュカル）
007 ビカネール
008 シェカワティ
011 はじめてのマハラシュトラ
012 ムンバイ
013 プネー
014 アウランガバード
015 エローラ
016 アジャンタ
021 はじめてのグジャラート
022 アーメダバード
023 ヴァドダラー（チャンパネール）
024 ブジ（カッチ地方）

【東インド - まちごとインド】

002 コルカタ
012 ブッダガヤ

【南インド - まちごとインド】

001 はじめてのタミルナードゥ
002 チェンナイ
003 カーンチプラム
004 マハーバリプラム
005 タンジャヴール
006 クンバコナムとカーヴェリー・デルタ
007 ティルチラパッリ
008 マドゥライ
009 ラーメシュワラム
010 カニャークマリ
021 はじめてのケーララ
022 ティルヴァナンタプラム
023 バックウォーター（コッラム〜アラップーザ）
024 コーチ（コーチン）
025 トリシュール

【ネパール - まちごとアジア】

001 はじめてのカトマンズ
002 カトマンズ
003 スワヤンブナート

004 パタン
005 バクタプル
006 ポカラ
007 ルンビニ
008 チトワン国立公園

【バングラデシュ - まちごとアジア】

001 はじめてのバングラデシュ
002 ダッカ
003 バゲルハット（クルナ）
004 シュンドルボン
005 プティア
006 モハスタン（ボグラ）
007 パハルプール

【パキスタン - まちごとアジア】

002 フンザ
003 ギルギット（KKH）
004 ラホール
005 ハラッパ
006 ムルタン

【イラン - まちごとアジア】

001 はじめてのイラン
002 テヘラン
003 イスファハン
004 シーラーズ
005 ペルセポリス
006 パサルガダエ（ナグシェ・ロスタム）
007 ヤズド
008 チョガ・ザンビル（アフヴァーズ）
009 タブリーズ
010 アルダビール

【北京 - まちごとチャイナ】

001 はじめての北京
002 故宮（天安門広場）
003 胡同と旧皇城
004 天壇と旧崇文区
005 瑠璃廠と旧宣武区
006 王府井と市街東部
007 北京動物園と市街西部
008 頤和園と西山
009 盧溝橋と周口店
010 万里の長城と明十三陵

【天津 - まちごとチャイナ】

001 はじめての天津
002 天津市街
003 浜海新区と市街南部
004 薊県と清東陵

【上海 - まちごとチャイナ】

001 はじめての上海
002 浦東新区
003 外灘と南京東路
004 淮海路と市街西部
005 虹口と市街北部
006 上海郊外（龍華・七宝・松江・嘉定）
007 水郷地帯（朱家角・周荘・同里・甪直）

【河北省 - まちごとチャイナ】

001 はじめての河北省
002 石家荘
003 秦皇島
004 承徳
005 張家口
006 保定
007 邯鄲

【江蘇省 - まちごとチャイナ】

001 はじめての江蘇省
002 はじめての蘇州
003 蘇州旧城
004 蘇州郊外と開発区
005 無錫
006 揚州
007 鎮江
008 はじめての南京
009 南京旧城
010 南京紫金山と下関
011 雨花台と南京郊外・開発区
012 徐州

【浙江省 - まちごとチャイナ】

001 はじめての浙江省
002 はじめての杭州
003 西湖と山林杭州
004 杭州旧城と開発区
005 紹興
006 はじめての寧波
007 寧波旧城
008 寧波郊外と開発区
009 普陀山
010 天台山
011 温州

【福建省 - まちごとチャイナ】

001 はじめての福建省
002 はじめての福州
003 福州旧城
004 福州郊外と開発区
005 武夷山
006 泉州
007 廈門
008 客家土楼

【広東省 - まちごとチャイナ】

001 はじめての広東省
002 はじめての広州
003 広州古城
004 天河と広州郊外
005 深圳(深セン)
006 東莞
007 開平(江門)
008 韶関
009 はじめての潮汕
010 潮州
011 汕頭

【遼寧省 - まちごとチャイナ】

001 はじめての遼寧省
002 はじめての大連
003 大連市街
004 旅順
005 金州新区

006 はじめての瀋陽
007 瀋陽故宮と旧市街
008 瀋陽駅と市街地
009 北陵と瀋陽郊外
010 撫順

【重慶 - まちごとチャイナ】

001 はじめての重慶
002 重慶市街
003 三峡下り（重慶～宜昌）
004 大足

【香港 - まちごとチャイナ】

001 はじめての香港
002 中環と香港島北岸
003 上環と香港島南岸
004 尖沙咀と九龍市街
005 九龍城と九龍郊外
006 新界
007 ランタオ島と島嶼部

【マカオ - まちごとチャイナ】

001 はじめてのマカオ
002 セナド広場とマカオ中心部
003 媽閣廟とマカオ半島南部
004 東望洋山とマカオ半島北部
005 新口岸とタイパ・コロアン

【Juo-Mujin（電子書籍のみ）】

Juo-Mujin 香港縦横無尽
Juo-Mujin 北京縦横無尽
Juo-Mujin 上海縦横無尽

【自力旅游中国 Tabisuru CHINA】

001 バスに揺られて「自力で長城」
002 バスに揺られて「自力で石家荘」
003 バスに揺られて「自力で承徳」
004 船に揺られて「自力で普陀山」
005 バスに揺られて「自力で天台山」
006 バスに揺られて「自力で秦皇島」
007 バスに揺られて「自力で張家口」
008 バスに揺られて「自力で邯鄲」
009 バスに揺られて「自力で保定」
010 バスに揺られて「自力で清東陵」
011 バスに揺られて「自力で潮州」
012 バスに揺られて「自力で汕頭」
013 バスに揺られて「自力で温州」

【車輪はつばさ】
南インドのアイラヴァテシュワラ寺院には建築本体に車輪がついていて寺院に乗った神さまが人びとの想いを運ぶと言います。

- 本書はオンデマンド印刷で作成されています。
- 本書の内容に関するご意見、お問い合わせは、発行元の
  まちごとパブリッシング info@machigotopub.com までお願いします。

まちごとアジア
イラン003イスファハン
～ペルシャン・ブルーと中世の「記憶」［モノクロノートブック版］

2017年11月14日　発行

著　者	「アジア城市（まち）案内」制作委員会
発行者	赤松　耕次
発行所	まちごとパブリッシング株式会社
	〒181-0013　東京都三鷹市下連雀4-4-36
	URL　http://www.machigotopub.com/
発売元	株式会社デジタルパブリッシングサービス
	〒162-0812　東京都新宿区西五軒町11-13
	清水ビル3F
印刷・製本	株式会社デジタルパブリッシングサービス
	URL　http://www.d-pub.co.jp/

MP049

ISBN978-4-86143-183-8 C0326　　　　Printed in Japan
本書の無断複製複写（コピー）は、著作権法上での例外を除き、禁じられています。